Vente des Lundi 20, Mardi 21, Mercredi 22 et Jeudi 23 Mars 1876

OBJETS D'ART

ET DE

CURIOSITÉ

TABLEAUX MODERNE

TAPISSERIES

EXPOSITIONS:

PARTICULIÈRE	PUBLIQUE
Le Samedi 18 Mars 1876.	Le Dimanche 19 Mars 1876.

COMMISSAIRES-PRISEURS

Me BAUDRY
50, rue Neuve-des-Petits-Champs.

Me CHARLES PILLET
10, rue de la Grange-Batelière.

EXPERTS

M. CHARLES MANNHEIM
7, rue Saint-Georges.

MM. DHIOS ET GEORGE
33, rue Lepeletier.

Vente J. H... — A la même heure, dans la salle 3, M. Pillet, assisté de M. Baudry, procédait à la vente d'une importante collection d'objets d'art et de curiosités dont le propriétaire, connu cependant de bien des amateurs, désire garder l'anonyme.

Citons le n° 9, *figurine de saint Georges*, 445 fr. ; — n° 17, *petite souris automate*, 610 fr. ; — n° 22, *bracelet indien*, 1,160 fr. ; — n° 23, deux id., 2,000 **fr.** ; — le n° 1, beau cadre en boiserie d'ébène, garni d'ornements en or émaillé du XVI° siècle, 10,225 fr. ; — le n° 32, pot à eau en cristal de roche, taillé et évidé à pans, 300 fr. — La suite à demain.

CATALOGUE

DES

OBJETS D'ART

ET DE CURIOSITÉ

Pot-à-eau et Cuvette en cristal de roche avec monture en or ciselé;
Peinture sur albâtre dans un cadre garni
D'ORNEMENTS EN OR ÉMAILLÉ DU XVIe SIÈCLE;
Bijoux; Montres;
Sculptures en bois, en ivoire et en terre cuite;
Peintures sur émail et Miniatures du XVIIIe siècle; Armes orientales;
Beau Brûle-parfums en émail cloisonné de la Chine; Porcelaines diverses;

BELLES FAIENCES ITALIENNES & DE DELFT :

Faïences de Rouen, de Nevers et de Marseille.

TABLEAUX MODERNES

LES PETITS SAVOYARDS, PAR L. BOILLY

TAPISSERIES

Composant la Collection de M. J. H.

ET DONT LA VENTE AURA LIEU

HOTEL DROUOT, SALLE N° 3

Les Lundi 20, Mardi 21, Mercredi 22 et Jeudi 23 Mars 1876,

A DEUX HEURES.

Par le ministère de Me **BAUDRY**, Commissaire-Priseur,
5, rue Neuve-des-Petits-Champs;

Et de Me **CHARLES PILLET**, son confrère, 10, rue de la Grange-Batelière;

Assistés de M. **CHARLES MANNHEIM**, Expert, 7, rue Saint-Georges;

Et de MM. **DHIOS** et **GEORGE**, Experts, 33, rue Lepeletier,

Chez lesquels se trouve le présent catalogue.

EXPOSITIONS { PARTICULIÈRE : le Samedi 18 Mars 1876,
PUBLIQUE : le Dimanche 19 Mars 1876.

DE UNE HEURE A CINQ HEURES.

CONDITIONS DE LA VENTE

Elle sera faite au comptant.

Les adjudicataires payeront *cinq pour cent* en sus des enchères.

L'exposition mettant le public à même de se rendre compte de l'état des objets, il ne sera admis aucune réclamation une fois l'adjudication prononcée.

Paris, — Imp. Pillet fils aîné, rue des Grands-Augustins 5.

OBJETS D'ART

DÉSIGNATION DES OBJETS

BIJOUX

1 — Beau cadre à double face à moulures en bois d'é-
bène, garni d'ornements en or émaillé, du xvie siècle.
L'attache supérieure est formée d'un petit vase à deux
anses aussi en or émaillé, reposant sur un ornement
feuillagé découpé à jour. Les écoinçons sont également garnis d'ornements en or émaillés

Le cadre repose sur un pied à balustre orné, en
cuivre ciselé et doré, décoré de têtes de chérubins et de
festons de fruits. Il contient une peinture à double face
sur albâtre oriental, représentant un saint personnage
en adoration.

2 — Reliquaire vénitien en cuivre doré, enrichi d'incrustations de corail et d'ornements émaillés rapportés;

il est de forme octogone et offre à son centre une figurine de Vierge debout. Il est enrichi au pourtour d'ornements découpés, xvıᵉ siècle.

3 — Étui Louis XVI en or émaillé à fond bleu et médaillons de personnages et attributs.

4 — Flacon en ancienne porcelaine de Chelsey, formé d'une figurine d'amour assis au milieu d'une couronne de fleurs.

5 — Deux pièces en ancienne porcelaine de Saxe : étui en forme de jambe de femme, et pomme de canne formée d'une tête d'homme.

6 — Jolie petite bouteille en émail de Chine, décorée de fleurs et d'ornements en couleurs sur fond rose.

7 — Petite théière à lobes en émail de Chine, décorée de médaillons de paysages et de fleurs très-finement exécutés.

8 — Flacon-tabatière de forme aplatie, en argent laqué et très-finement burgauté à rosaces.

9 — Figurine de saint Georges terrassant le dragon, en or émaillé.

10 — Ceinture de femme en argent, à fleurs et ornements en relief. Travail oriental.

11 — Ceinture analogue à celle qui précède, mais moins
haute.

12 — Bracelet indien en or ciselé et repercé à jour, à figures, mascarons et ornements.

13 — Petit cachet formé d'une figurine de jeune guerrier
en argent finement ciselé et oxydé, sur base en
jaspe.

14 — Deux colliers en argent doré, l'un d'eux en filigrane
et l'autre orné de petites rosaces.

15 — Plaque de corsage et deux pendants d'oreilles en argent et strass.

16 — Petit Saint-Esprit en or et strass. Travail nor-
mand.

17 — Jolie petite souris automate en or émaillé blanc et
incrustée de demi-perles.

18 — Jolie montre en or émaillé par *les deux frères Huaut
les jeunes*. Le fond représente un groupe de deux figures et le pourtour des médaillons de paysages. Double
boîtier en or gravé.

19 — Montre Louis XV à répétition, à double boîte en or,
l'une d'elles repoussée à figures, et l'autre gravée et re-
percée à jour.

20 — Deux grandes montres du emps de Louis **XVI**, en cuivre, à cuvettes ornées de peintures sur émail.

21 — Deux boîtiers de montr s; 'un d'eux, en cuivre émaillé, représente Loth et ses filles ; l'autre, en cuivre ciselé, est orné d'une peinture sur émail entourée de jargons.

22 — Joli bracelet indien en or émaillé rouge sur fond blanc et enrichi d'une plaque d'émeraude gravée à rosace et feuilles et de roses. Ses extrémités sont ornées de petites perles.

23 — Deux autres beaux bracelets indiens à chatons carrés en or émaillé à fleurs sur fond blanc et enrichis de pierres incrustées. Leurs extrémités sont également garnies de petites perles.

24 — Coiffure chinoise en argent doré, plumes de martin-pêcheur et pierreries

25 — Épingle de coiffure de même travail.

26 — Quatre autres épingles de coiffure et deux pendants d'oreilles à figures d'oiseaux et d'animaux.

27 — Deux épingles ornées de topazes entourées de grenats et montées en argent doré.

200. 28 — Deux longs pendants d'oreilles à rosaces et pendilles formées de perles fines.

411. 29 — Deux agrafes de bracelets en or ciselé, enrichies de diamants. Travail chinois.

290. 30 — Deux pendants d'oreilles Louis XIII, enrichis de diamants et de fleurettes émaillées.

240. 31 — Plaque de corsage en or et émeraudes.

96. 32 — Deux pendants d'oreilles en argent doré et perles.

185. 33 — Sept pendants d'oreilles enrichis de perles fines et de formes variées.

59. 34 — Petite boîte oblongue à couvercle bombé en filigrane d'argent doré et pierreries.

162. 35 — Collier en or et perles fines avec pendant formé d'une miniature tête de Vierge.

115. 36 — Collier formé de petits polyèdres et d'attaches en filigrane.

94. 37 — Huit dormeuses et une épingle en diverses matières ; quelques pièces sont ornées de perles fines.

41. 38 — Deux pendants d'oreilles de travail chinois, formés de boules pavées de petites perles.

39 — Trois pièces en corail sculpté : figurine de saint age-
nouillé, branche d'arbre et statuette de Vierge.

40 — Deux autres pièces en corail : petits bustes de bacchante et de saint personnage.

41 — Deux petits bustes : l'un d'eux, en améthyste, représente un philosophe grec, et l'autre, en agate et jaspe,
un négrillon.

42 — Camée oblong sur malachite, représentant les bustes
de Jupiter, d'Apollon et de Diane.

43 — Douze bagues diverses en or, dont une bague juive
de mariage, une autre ornée d'une pierre chatoyante
et une autre d'un camée, buste du premier consul.

44 — Deux boucles chinoises en cuivre ciselé et repercé à
jour enrichies d'incrustations de burgau.

45 — Boîte à thé en écaille incrustée de sujets chinois en
argent gravé, et montée en argent à moulures, XVIIIe
siècle.

46 — Collier avec plaque à ornements découpés à jour et
enrichie de perles fines.

47 — Deux coquilles nacrées avec perles saillantes.

48 — Trois bracelets chinois dont deux en argent doré et le troisième en argent émaillé.

49 — Trois pièces en argent : bracelet à gourmette, bout de pipe avec bouquin d'ambre, et épingle de coiffure de femme chinoise.

50 — Lot de cuillers, couteaux et fourchettes, dont deux pièces à manches en ambre sculpté.

51 — Deux bouts d'ongles de femmes chinoises en or repoussé.

52 — Petit bijou du xvıᵉ siècle en forme de grenouille, en perle baroque et or émaillé.

53 — Deux bijoux pendentifs, dont un en filigrane d'argent doré et le second en argent et pierreries.

54 — Trois cuvettes et un boîtier de montre en cuivre émaillé ou laqué.

55 — Gros couteau de poche garni en argent ciselé et doré, et contenant une montre à répétition.

56 — Deux petites pièces en argent doré : charrue traînée par trois chevaux et petit rouet.

57 — Neuf petites pièces en argent ciselé : bustes et figurines. Ce lot sera divisé.

58 — Sept pièces de monnaies de divers pays en or ou en argent.

59 — **Deux pièces :** clef de montre montée en or, et petite sphère en argent ornée de mosaïques de Rome de la plus grande finesse et représentant des fleurs et des ornements.

60 — Sept petites pierres diverses, telles que : labrador agate, etc.

61 — Trois pièces : petite chimère en cristal de roche et deux mascarons dont un gravé sur cornaline.

62 — **Trois pièces en argent :** porte-tasse en filigrane, trousse chinoise émaillée et petite boîte ronde en filigrane.

63 — Onze petites divinités égyptiennes en terre émaillée.

64 — Plaque d'émail représentant le Christ en croix sur fond bleu, signée *Laudin*.

65 — **Deux pièces :** coquille en argent doré, pavée de turquoises, et talisman en turquoise gravée.

66 — **Deux** presse-papier formés chacun d'un éléphant debout en ivoire sur plaque en mâchoire d'éléphant.

67 — Trois pièces : petit triptyque et diptyque russe en cuivre, et petit bas-relief en ivoire à double face.

68 — Six pièces : divinités et chimère chinoises en diverses matières et bouton japonais en ivoire formé d'une tête fantastique.

69 — Dix petites pièces diverses, telles que : salière en émail de Saxe, petit rouet en bois, bracelet imitant le jade, pendants en argent, etc.

70 — Deux pièces : peigne de style égyptien en bois sculpté et porte-cartes en marqueterie du Bengale.

71 — Deux pièces : collier en étoffe et argent en forme de serpent, et bouquet de fleurs sur fond de glace.

MATIÈRES PRÉCIEUSES

72 — Cristal de roche. — Joli pot à eau parfaitement évidé et taillé à pans. L'anse en or ciselé est formée d'un dragon qui cherche à saisir un enfant triton. Le bouton du couvercle est formé d'un petit chien aussi en or.

La cuvette, de forme oblongue et à contours, est en cristal de roche taillé à côtes.

Beau travail français du temps de Louis XV.

73 — Cristal de roche. — Cassolette à deux étages gravée à fleurs et ornements ; elle est garnie d'une monture en argent doré et émaillé dans le style de la renaissance.

74 — Cristal de roche. — Flacon taillé à pans et garni d'une monture analogue à la pièce qui précède.

75 — Agate blanche et rouge. — Coupe de forme contournée à branchages, oiseaux et feuillages découpés à jour. Sur socle en bois sculpté. Travail chinois.

76 — Jade vert. — Petite coupe ronde et profonde. Sur socle en bois sculpté.

77 — Jade verdâtre. — Petite coupe ronde à deux anses à dragons prises dans la masse. Sur socle en bois sculpté. Travail chinois.

78 — Agate de diverses nuances. — Groupe formé d'un oiseau et de fleurs. Matière très-curieuse. Socle en bois de fer. Travail chinois.

79 — Jade gris. — Vase en forme de balustre aplati à deux anses prises dans la masse et à couvercle. Il est décoré de fleurs et d'ornements en relief. Travail chinois.

80 — Agate orientale. — Petit Chinois assis sur un buffle couché, en bois sculpté.

81 — Jade blanc. — Petite boîte ronde et plate à ornements gravés en relief.

82 — Agate orientale. — Trois amulettes formés de groupes de fruits et d'animaux.

83 — Jade blanc. — Anneau uni et agrafe à dragon en relief.

84 — Malachite. — Groupe de chimères de ton verdâtre rappelant le ton de la turquoise morte.

85 — Cornaline. — Petite coupe en forme de fruit et figurine debout.

86 — Pierre de lard. — Deux pièces : plateau à fleurs gravées en relief et porte-allumettes en forme de tronc d'arbre.

87 — Deux pièces : cachet en jaspe rouge et bloc de prime de grenat en forme d'aiguille polie sur une de ses faces.

ORFÉVRERIE

88 — Coquille nacrée montée en argent, à ornements découpés et pendilles.

89 — Petit gobelet à coupe sphérique, en argent repoussé à fleurs et jeux d'amours. Epoque Louis XIII.

90 — Coupe ronde et basse en argent doré, à fleurs gravées réservées sur fond niellé. Travail oriental.

91 — Coupe ronde et profonde en argent repoussé à figures et ornements. Travail oriental.

92 — Trois pièces : petite coupe à pans en argent doré, gravé et niellé ; garniture de fourreau en argent découpé à jour et cassolette en argent repoussé.

93 — Chinois vu à mi-corps en argent repoussé et émaillé.

94 — Six pièces : petite coupe à lobes en argent gravé et cinq appliques en argent doré, formées de figurines de travail chinois.

95 — Deux petites boîtes dont une en forme de fruit en argent niellé, et l'autre en argent gravé et ciselé. Travail oriental.

96 — Coupe ronde sur piédouche en argent repoussé. Travail oriental.

ÉMAUX & MINIATURES

97 — Cadre de forme octogone allongée à moulures d'écaille rouge et ornements en bronze ciselé et doré. Ce cadre renferme :

Deux miniatures portraits de femmes, dont un dans la manière anglaise.

Deux miniatures ovales, groupes de fruits et de fleurs.

Deux miniatures sur vélin attribuées à Klingtsett, groupes de deux figures.

Deux miniatures rectangulaires : amours dans des paysages.

Deux miniatures rondes : la tireuse de cartes d'après Greuze et enlèvement d'un ballon aux Tuileries.

Deux fixés de forme ronde : groupe de fleurs et scène, d'après Ostade.

Médaillon rond en vernis de Martin : La Marchande de fruits et de légumes.

98 — Cadre analogue à celui qui précède, mais plus petit. Celui-ci renferme :

Une miniature par Klingstett : buste de jeune femme.

Une miniature gouachée par Carle Vernet : figure équestre de guide de l'Empereur.

Une miniature rectangulaire dans la manière de Charlier : Léda et le Cygne.

Six peintures sur émail des époques Louis XV et Louis XVI : portraits et sujets variés.

Six peintures sur émail de travail moderne, imitation de Limoges.

99 — Cadre analogue à celui qui précède. Il renferme :

Quatorze jolies petites peintures sur émail des époques Louis XV et Louis XVI, et représentant des sujets variés soit en couleurs, soit en grisaille.

100 — Autre cadre pareil à ceux qui précèdent. Celui-ci renferme :

Seize peintures sur émail représentant des sujets variés et dont partie est émaillée sur or.

101 — Cadre pareil contenant :

Neuf peintures sur émail à sujets variés et six miniatures dont : bouquet de fleurs, groupe d'amours, paysage, deux portraits de jeunes filles et portrait de Charles X.

102 — Autre cadre pareil. Celui-ci renferme :

Douze peintures sur émail : portraits et sujets variés.

Une mosaïque de Rome : monuments et ruines antiques.

Un petit bas-relief d'ivoire : Psyché et l'Amour.

Une petite peinture moderne sur émail.

Une miniature gouachée : volatiles.

Un petit médaillon rond en vernis de Martin : groupe d'enfants.

103 — Cadre pareil à celui qui précède. Il contient :

Quatre médaillons en vernis de Martin, à sujets de personnages.

Quatre peintures sur émail à sujets variés.

Trois fixés dont un portrait de femme, une scène de Kermesse et un bouquet de fleurs.

Deux mosaïques de Rome, représentant des paysages et deux sculptures en ivoire du temps de Louis XVI.

104 — Cadre pareil à celui porté sous le n° 97. Il renferme :

Onze miniatures ou dessins par de Boissieu, de Gault, etc.

Quatre petites peintures sur émail, représentant des groupes d'amours en grisaille sur fond rose et brun.

105 — Deux peintures sur émail de forme contournée représentant des sujets saints.

106 — Cinq petites peintures sur émail, dont deux en grisaille sur fond rose, représentant des jeux d'enfants.

107 — Deux peintures sur émail du temps de Louis XVI : Vénus et l'Amour, et la leçon de musique.

108 — Miniature rectangulaire sur ivoire, signée Saint,

1806. Enfant à demi-nu endormi sous des branches de vigne,

100. — 109 — Miniature ovale sur ivoire peinte en grisaille, et représentant des jeux d'amours et de dauphins.

110 — Sept peintures diverses, dont une sur argent.

TABATIÈRES

111 — Très-petite boîte ovale du temps de Louis **XV** en or gravé à ornements et attributs. Le dessus émaillé en plein est décoré d'un médaillon, groupe de deux figures et de fleurs.

112 — Petite boîte ovale en or émaillé violet sur fond guilloché et cordons se détachant en couleurs sur fond blanc. Le couvercle est orné d'un médaillon peint sur émail, représentant un groupe de deux bergères. Époque Louis **XVI**.

113 — Boîte oblongue à angles coupés en or émaillé à mille raies bleu, blanc et or, et à médaillons de personnages. Même époque.

114 — Grande boîte rectangulaire en or guilloché et encadrements émaillés bleu. Le dessus est orné d'une belle mosaïque de Rome par Barberi, représentant trois chiens dans un paysage.

115 — Boîte de forme contournée et à deux tabacs, en bois pétrifié et montée en or.

116 — Boîte ronde plaquée de burgau et laquée en or en relief à fleurs et oiseaux.

117 — Petite boîte oblongue de travail chinois, en or massif, avec encadrement composé de fleurs.

118 — Boîte de gousset en argent guilloché, ciselé et doré. Travail anglais.

119 — Boîte ronde en écaille noire, ornée d'une miniature sur ivoire : portrait de femme.

120 — Deux boîtes rondes : l'une en ivoire, ornée d'un fixé ; l'autre en écaille, ornée d'une miniature : scène d'intérieur, d'après Teniers.

121 — Boîte oblongue en écaille noire, ornée d'une miniature en grisaille, par de Gault : Amour sur un char traîné par deux panthères.

122 — Deux boîtes en aventurine de Venise, l'une d'elles à angles coupés est montée en vermeil.

123 — Deux boîtes dont une en agate jaspée et l'autre en porphyre vert galonné d'or.

124 — Deux boîtes, l'une de forme contournée en argent avec plaques d'agate, et l'autre de forme carrée en écaille incrustée de nacre et d'argent.

125 — Bonbonnière formée d'une tête couronnée en cuivre émaillé.

126 — Bonbonnière formée d'une boîte de montre Louis XV en or repoussé à figures et ornements.

127 — Drageoir en écaille incrustée d'argent gravé et monté en argent. Époque Louis XIV.

128 — Deux plaques provenant d'un drageoir en cuivre émaillé, imitant deux valves de coquilles et décorées de fleurs.

129 — Deux pièces : tabatière en bois sculpté et boîte en coquille.

SCULPTURES

130 — Marbre blanc. — Groupe de deux amours combattant, sur socle incrusté de marbre rouge de Flandre.

131 — Marbre blanc. — Petit groupe. — Hercule, enfant étouffant un serpent.

132 — Marbre blanc. — Enfant à demi couché et tenant une colombe.

133 — Marbre blanc. — Enfant nu couché et endormi. Signé : JACQUET.

134 — Terre cuite. — Jolie statuette de bacchante dansant, par MARIN.

135 — Terre cuite. — Deux jolis bustes d'enfants, grandeur nature ; jeune garçon et jeune fille. Sur consoles en bois, ornées de mascarons en bronze doré.

136 — Ivoire. — La Vierge debout portant l'enfant Jésus. Travail espagnol.

137 — Ivoire. — Figure de saint personnage debout. Sur pied, orné d'une tête de chérubin et socle en bois.

138 — Bois. — Buste de jeune fille grandeur presque nature. Travail italien.

139 — Bois. — Figure de Bouddha en bois sculpté, doré et peint. Travail chinois.

140 — Bois. — Haut-relief de forme carrée, représentant le sujet de la conversion de saint Paul. Beau travail du XVIIᵉ siècle. Dans un cadre doré.

141 — Ivoire. — Petit vidrecome à figures sculptées en bas-relief et à anse formée d'une cariatide de femme. Monture en argent doré.

142 — Ivoire. — Deux figurines de paysans. Sur socles en bois noir et moulures d'ivoire. Travail de Dieppe.

143 — Ivoire. — Trois très-petites figurines de paysans, de même travail.

144 — Ivoire. — Petit groupe. La Vierge debout portant l'enfant Jésus.

145 — Ivoire. — Deux statuettes : pêcheur debout, sur socle en albâtre et figurine de femme, de travail moderne.

146 — Ivoire et bois. — Statuette de Vierge dont les mains manquent et figurine de mendiante en bois et en ivoire.

147 — Bois. — Petit groupe de cinq enfants jouant.

148 — Bois. — Groupe de chevrier et chèvres sur terrasse. Travail suisse.

149 — Bois et marbre tendre. — Figurine de vierge incomplète et figure de saint personnage debout.

150 — Bois. — Groupe en bois sculpté peint et doré. La
Vierge debout portant l'enfant Jésus. xvıı° siècle.

151 — Ivoire. — Quatre pièces de travail chinois : Petite
boîte carrée, étui cylindrique et deux petites boîtes rondes contenant des jetons de nacre.

152 — Ivoire. — Groupe représentant un rocher orné de
figurines et d'animaux et surmonté de la figure du
Christ enfant.

153 — Ivoire. — Petit buste de Henri IV, sur socle en
bois noir à moulures.

154 — Ivoire. — Deux pièces : haut-relief, la Vierge et
l'enfant Jésus et bas-relief sans fond : enfants jouant à
la main-chaude.

155 — Bambou. — Deux figurines de chinois debout très-
finement sculptées et figurine fantastique en bois laqué.

156 — Terre cuite. — Trois petites statuettes par Graillon :
jeune femme et deux enfants.

157 — Ivoire. — Deux pièces : terme de satyre entouré
de branches de vigne et pot à creme sculpté à fleurs.

158 — Ivoire. — Porte-cartes de travail chinois sculpté à
paysages et figures.

159 — Cire. — Petit groupe de danseurs.

160 — Marbre blanc. — Groupe de travail indien. Éléphant monté par trois personnages.

161 — Bois dur. — Quatre boutons formés chacun d'une figurine accroupie tenant un vase d'où s'échappe une petite branche de corail.

ARMES ORIENTALES

162 — Poignard indien à lame courbe avec fourreau en cuivre ciselé à fleurs et doré. Le manche, également en cuivre doré, est incrusté de verre de couleurs imitant les pierres précieuses.

163 — Deux poignards analogues à celui qui précède, mais à lames droites.

164 — Poignard à double lame avec manche et fourreau en cuivre ciselé à fleurs et doré.

165 — Poignard à lame gravée et incrustée et à long manche en cuivre gravé et doré se terminant par une tête d'éléphant et renfermant un petit couteau. Le fourreau est en cuivre gravé à fleurs et doré.

166 — Rondache persane gravée à figures et ornements et dorée.

167 — Hache d'armes en damas décorée d'ornements dorés et manche en velours.

168 — Hache d'armes de forme allongée, de même travail.

169 — Hache d'armes de même travail.

170 — Brassard en damas damasquiné d'or.

171 — Deux pistolets dont un de travail turc garni en argent, et l'autre de travail circassien avec monture en argent ciselé et niellé.

172 — Deux kriss malais avec fourreaux et manches en argent.

173 — Trois autres kriss malais.

174 — Poignard à lame droite en damas à inscriptions gravées et manche et garniture du fourreau décorés d'ornements dorés.

175 — Deux couteaux et deux fourchettes à manches garnis en nacre et cuivre gravé.

176 — Amorçoir en damas doré en partie.

177 — Lot d'arcs et de flèches : un des arcs est laqué.

178 — Divers instruments de musique, dont une mando-
line à manche incrusté de burgau.

FAIENCES ITALIENNES

179 — **Fabrique de Gubbio.** — Coupe ronde à rayons
saillants et décor à reflets métalliques rouges et mordorés rehaussés de bleu. Elle offre au centre la figure
du petit Saint-Jean. xvie siècle.

180 — **Fabrique de Faënza.** — Plat rond décoré au centre
d'un buste de femme et au bord de figures d'animaux
et d'ornements en couleurs sur fond jaune d'ocre. Il
porte au revers les lettres **F. I.**

181 — **Fabrique de Deruta.** — Plat rond à décor à reflets
métalliques mordorés et bleu nacré. L'ombilic porte le
monogramme du Christ; le pourtour et le marly sont
décorés d'imbrications et d'ornements.

182 — **Fabrique d'Urbino.** — Coupe ronde sur piédouche
bas décoré de grotesques sur fond blanc et offrant au
centre une figure allégorique assise sur un tertre.

183 — **Fabrique de Faënza.** — Petit plat rond et creux,
forme dite *Cuppa amatoria*, décoré au centre d'un
buste d'homme et, au bord, de dauphins et d'ornements
en camaïeu bleu sur fond bleu foncé.

184 — Fabrique de Deruta. — Coupe ronde à bord droit sur piédouche, à décor à reflets métalliques mordorés rehaussé de bleu. Ornements au pourtour et au fond lapin courant et rayons.

185 — Fabrique de Faënza. — Deux vases en forme de pomme de pin, sur piédouches bas décorés d'ornements bleus et jaune d'ocre.

186 — Fabrique de La Frata. — Très-grand plat rond à arbustes et fleurs gravés sous engobe et émaillé vert et jaune.

187 — Fabrique de Faënza. — Deux petits vases de forme ovoïde à une anse décorés de quadrillages et de fleurs en camaïeu bleu rehaussé de jaune.

188 — Fabrique d'Urbino. — Plateau rond décoré au centre du groupe des trois Grâces et de l'Amour et au bord de grotesques sur fond blanc.

189 — Fabrique de Castel Durante. — Petit vase en forme de bouteille, décoré d'ornements et d'un buste de guerrier.

190 — Même fabrique. — Vase de forme cylindr ique dé coré d'un paysage et d'un cartouche surmonté d'un mascaron. Les bords supérieurs et inférieurs offrent des trophées d'armes.

191 — Même fabrique. — Deux vases de pharmacie à une anse et à goulot en deux dimensions. Ils sont décorés de rinceaux sur fond bleu et de médaillons bustes d'hommes et de femmes.

192 — Même fabrique. — Vase à deux anses décoré de trophées d'armes, de fleurs et de mascarons sur fond bleu.

193 — Même fabrique. — Vase à une anse et à goulot décoré de rinceaux et d'un buste sur fond blanc.

194 — Même fabrique. — Vase forme sphérique décoré de fleurs arabesques sur fond blanc.

195 — Même fabrique. — Vase de forme analogue, décoré d'un médaillon saint personnage et d'ornements sur fond varié de nuances.

196 — Fabrique de Castelli. — Petit plat rond décoré d'un sujet de chasse au centre et offrant au marly des rinceaux ainsi que des figures de femmes, des animaux et un écusson armorié.

197 — Fabrique de Pesaro. — Plat rond décoré d'une figure de guerrier au centre et d'imbrications et rinceaux au bord.

198 — Fabrique italienne. — Deux plats décorés de grotesques et de figures de saints personnages au centre.

199 — Fabrique italienne. — Vase à deux anses à rinceaux décoré d'un paysage.

200 — Fabrique italienne. — Deux pièces : Petite coupe longue à décor à reflets métalliques et salière en forme de bateau.

201 — Fabrique de Savone. — Vase en forme de coquille à double valve et à deux anses en S à décor en camaïeu bleu.

202 — Fabrique italienne. — Grand vase à deux anses décoré de figures de cavaliers dans un paysage.

203 — Coupe ronde repoussée à bossages et à décor d'ornements sur fond vert et jaune d'ocre.

204 — Groupe de quatre figures en faïence blanche de Naples. Combat d'une femme centaure et de trois autres figures.

205 — Petit groupe de quatre figures d'enfants de même faïence.

206 — Deux pièces de même faïence : statuette de chanteuse et sucrier à saupoudrer.

207 — Deux pièces en faïence blanche : saucière de forme élégante et petit vase brûle-parfums à mascarons en relief.

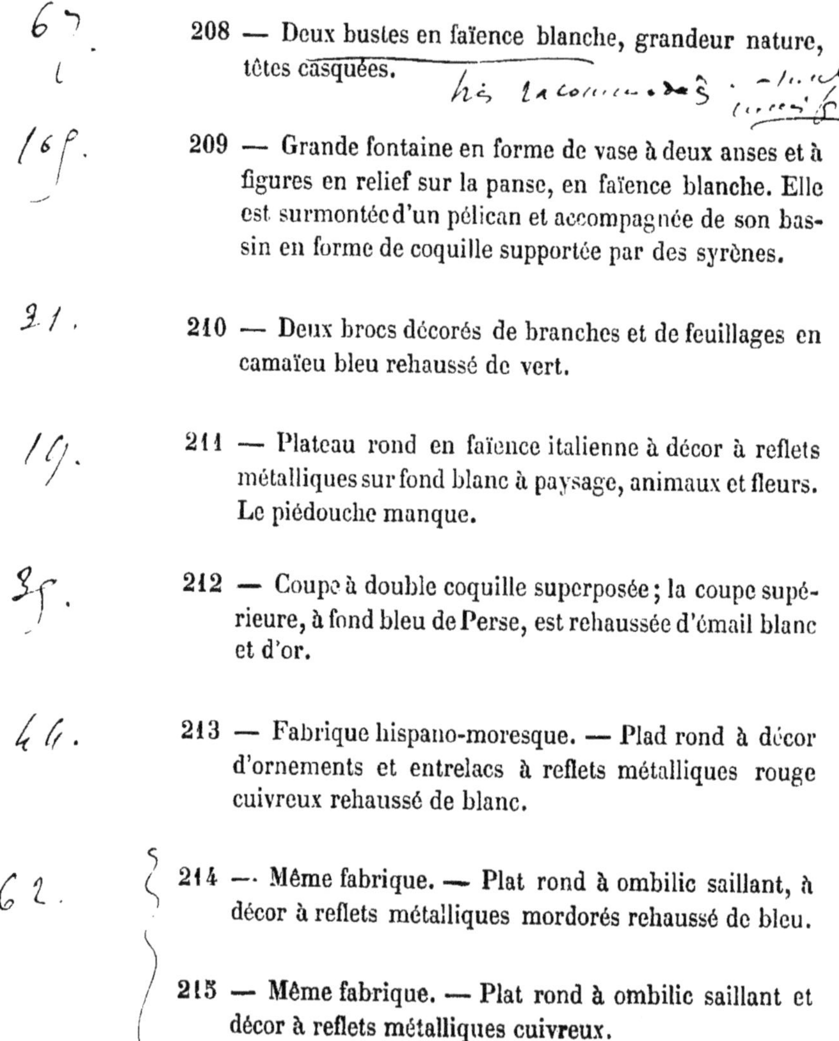

208 — Deux bustes en faïence blanche, grandeur nature, têtes casquées.

209 — Grande fontaine en forme de vase à deux anses et à figures en relief sur la panse, en faïence blanche. Elle est surmontée d'un pélican et accompagnée de son bassin en forme de coquille supportée par des syrènes.

210 — Deux brocs décorés de branches et de feuillages en camaïeu bleu rehaussé de vert.

211 — Plateau rond en faïence italienne à décor à reflets métalliques sur fond blanc à paysage, animaux et fleurs. Le piédouche manque.

212 — Coupe à double coquille superposée ; la coupe supérieure, à fond bleu de Perse, est rehaussée d'émail blanc et d'or.

213 — Fabrique hispano-moresque. — Plad rond à décor d'ornements et entrelacs à reflets métalliques rouge cuivreux rehaussé de blanc.

214 —. Même fabrique. — Plat rond à ombilic saillant, à décor à reflets métalliques mordorés rehaussé de bleu.

215 — Même fabrique. — Plat rond à ombilic saillant et décor à reflets métalliques cuivreux.

FAIENCES DE DELFT

216 — Deux belles gourdes à pans, en ancienne faïence de Delft à décor polychrome à fleurs. Elles sont montées en lampes.

217 — Plat rond décoré de fleurs, d'oiseaux et d'ornements de style chinois à l'imitation des émaux de la famille verte.

218 — Perroquet sur son perchoir de forme circulaire, en faïence de Delft à décor polychrome.

219 — Perroquet de même modèle que celui qui précède, mais plus petit.

220 — Deux vases porte-fleurs garnis de quantité de goulots et à deux anses formées d'animaux. Ils sont décorés de fleurs et d'ornements en camaïeu bleu.

221 — Vase en forme de cornet à décor de fleurs et d'ornements en camaïeu bleu.

222 — Beau plat rond en ancienne faïence de Delft, décoré de médaillons de personnages de style chinois en camaïeu bleu et encadrements desdits formés de fleurs se détachant en couleurs sur fond noir.

223 — Trois beurriers formés chacun d'un cygne ; les deux
grands ont les ailes décorées à froid.

224 — Cinq pantoufles en faïence de Delft à décors variés.

225 — Deux petits flambeaux à décor en camaïeu bleu.

226 — Vase en forme de potiche à pans et à couvercle à
décor de style chinois en camaïeu bleu rehaussé de
manganèse.

227 — Plat rond décoré au centre de figures dans le style
de Watteau en camaïeu bleu, et au bord de lambrequins
ornés rehaussés de jaune.

228 — Plat rond à décor de style chinois à fleurs, oiseaux
et ornements en bleu, rouge et or.

229 — Tableau carré représentant un paysage avec figures,
peint en camaïeu bleu.

230 — Petite plaque carrée représentant un intérieur de
cabaret en camaïeu bleu sur fond jaune.

231 — Deux plaques de forme contournée simulant une
cage avec oiseaux en relief et décor polychrome.

232 — Deux petites plaques de forme contournée à encadrements composés d'ornements en relief et décor en
camaïeu bleu.

233 — Plat rond à rosace et ornements au bord en camaïeu
bleu.

234 — Pot-attrappe en faïence de Delft à décor en camaïeu
bleu.

235 — Figure de buveur à califourchon sur un tonneau, à
riche décor polychrome. On lit au revers du tonneau :
Anno 1753.

236 — Jolie figure de Renommée debout sur une boule et
sonnant de la trompe, en ancienne faïence de Delft à décor polychrome. La trompette et la palme sont en bronze.

237 — Hanap, modèle casque, à décor polychrome à fleurs,
oiseaux et ornements.

238 — Deux jolis petits compotiers ronds à côtes, à décor de
style chinois en bleu, rouge et or à corbeille de fleurs
et ornements.

239 — Beurrier de forme octogone avec plateau, à décor
polychrome rehaussé d'or. Le couvercle est surmonté
d'une vache couchée.

240 — Deux jolies petites buires à couvercle à décor polychrome à paysages et fleurs.

241 — Deux dessus de brosse à décor polychrome ; l'un

d'eux présente une corbeille de fleurs et l'autre une femme chinoise dans un paysage.

242 — Deux petites vaches couchées, décor polychrome.

243 — Jolie plaque à angles rentrants et arrondis, en ancienne faïence de Delft à décor polychrome ; elle offre à son centre une large corbeille de fleurs.

244 — Autre plaque de forme ovale à contours en ancienne faïence de Delft, décor polychrome à fleurs et ornements.

245 — Deux brocs à anse formés d'une figure d'homme et d'une figure de femme assis et à décor polychrome.

246 — Figure de femme debout à décor polychrome.

247 — Joli vase de forme sphérique à ouverture large, à deux anses et à goulot, décoré de figures et d'ornements en camaïeu bleu rehaussé de rouge. Il porte la date de 1703.

248 — Deux petits pots à couvercle formés chacun d'un singe assis, décor polychrome.

249 — Plaque carrée à angles rentrants en faïence de Delft, décor polychrome à corbeille de fleurs et ornements.

250 — Deux statuettes debout : Diane et Mercure. Décor polychrome.

251 — Petit groupe : vache et paysan.

252 — Deux petits vases forme potiche, à décor en camaïeu bleu, l'un d'eux à médaillon de paysage et l'autre à fleurs.

253 — Vase de forme ovoïde à décor polychrome à fleurs et animaux.

254 — Cafetière reposant sur trois pieds élevés à décor polychrome.

255 — Divers plats et assiettes à décors variés.

FAIENCES DE ROUEN

256 — Deux jolis bustes grandeur demi-nature, empereur et impératrice romains, dont l'armure et le costume sont de décor polychrome. Les piédouches carrés portent en relief les lettres M. C. A. enlacées. Sur fûts de colonnes en bois de chêne.

257 — Deux têtes casquées, en bois sculpté et peint à l'imitation de la faïence de Rouen. Elles sont montées sur des fûts de colonnes pareils à ceux des bustes qui précèdent.

258 — Deux grands et beaux plats ronds en ancienne faïence de Rouen, à décor en camaïeu bleu à rosaces, rayons fleuronnés et ornements.

259 — Pichet à cidre en ancienne faïence de Rouen, à décor polychrome. Il offre sur sa panse une figure de saint Jacques ainsi que des festons de fleurs. Il porte le nom de *Jacques Duchainne*, 1771.

260 — Autre pichet à cidre à décor polychrome, composé d'ornements rocaille, de fleurs et d'une figure de saint Jean. Il porte les noms de *Jean-Baptiste Hanoc*, 1792.

261 — Petite fontaine ornée d'une figure de Neptune en ronde-bosse et de dauphins en ancienne faïence de Rouen, à décor polychrome. Elle repose sur un socle à gorge décoré d'imbrications bleues.

262 — Deux plats ronds à bords festonnés, décor poly-chrome *à la corne*. L'un d'eux porte un écusson ar-morié.

263 — Assiette à bord festonné, décor polychrome *à la corne*.

264 — Petit cache-pot à décor en camaïeu bleu.

FAIENCES DE NEVERS

265 — Petit buste d'Apollon sur piédouche à gorge, décor polychrome.

266 — Petit buste de Pallas, à décor polychrome.

267 — Plat rond à décor de style italien, en camaïeu bleu et jaune d'ocre sur fond jaune clair ; au centre, le baptême de saint Jean et au bord, fleurs, sujets de chasse et armoiries.

268 — Vase en forme de panier sphérique à branches de fleurs et draperies en relief et décor polychrome.

269 — Plat rond à décor polychrome : intérieur villageois avec figures.

FAIENCES DE MARSEILLE

270 — Ecuelle à deux anses plates avec couvercle et plateau en ancienne faïence de Marseille, à décor polychrome à fleurs.

271 — Soupière ronde à deux anses et à quatre pieds avec couvercle surmonté d'un groupe de légumes. Elle est décorée de fleurs en couleurs.

272 — Deux grands plats ronds à bords festonnés, décor polychrome à larges fleurs.

273 — Plat analogue à ceux qui précèdent, mais encore plus grand.

274 — Deux soupières de forme oblongue, à anses formées de têtes de volatiles et à décor polychrome à fleurs. Les

couvercles sont surmontés d'un groupe de fleurs en relief.

275 — Plateau ovale à bord à jour et décor de fleurs.

FAIENCES DIVERSES

276 — Joli pot à eau en ancienne faïence de Sceaux, décor polychrome genre Sèvres à fleurs et hachures bleues. Il est signé *Et. Jate.*

277 — Encrier en faïence allemande orné d'un groupe de deux figures et d'une branche formant flambeau. Les godets ont la forme de fruits et le tout est décoré en couleurs.

278 — Soupière oblongue en faïence du Midi à décor polychrome, groupes de figures dans des paysages.

279 — Très-grand plat ovale en faïence de Beauvais à reptiles, animaux et ornements en relief et émaillé vert jaspé.

280 — Deux grandes figures de femmes debout en faïence à décor polychrome.

281 — Tonneau formant pendule, en faïence allemande, surmonté d'un groupe de deux figures et à décor

polychrome. Sur petit fût de colonne en bois de chêne.

282 — Groupe de trois figures debout en grès de Flandres émaillé bleu, gris et violet. La Vierge, l'Enfant Jésus et saint Joseph se donnant la main.

283 — Broc ou chope en grès de Flandres émaillé violet à mufles de lion en relief.

284 — Grande cafetière en faïence allemande, à feuilles gaufrées en relief et décor de fleurs en camaïeu bleu.

285 — Vase en forme de balustre et à couvercle en faïence allemande, décoré de fleurs. Les anses, la panse du vase et le couvercle offrent des fleurs en haut-relief.

286 — Cartel porte-montre en faïence allemande à ornements en relief et décor polychrome.

287 — Plateau oblong à deux anses en ancienne faïence allemande, décoré d'une corbeille de fleurs.

288 — Deux assiettes gaufrées et à bords découpés, décorées de bouquets de fleurs. L'une d'elles porte la devise suivante : *Fais ce que tu dois, arrive ce qui pourra.*

289 — Eléphant debout en faïence à décor polychrome, supportant une tourelle qui lui sert de couvercle.

290 — Deux lions couchés en faïence de Lorraine, à décor polychrome.

291 — Petit buste de femme couronnée de lauriers et représentant l'Italie, signé *Dever*.

292 — Deux tasses droites avec soucoupes décorées de corbeilles de fleurs encadrées de filets bleus.

293 — Deux petits lions assis à décor en camaïeu bleu.

294 — Pot à eau en faïence du Midi, décor polychrome. Sur sa face, groupe d'enfants jouant à la main-chaude.

295 — Soupière oblongue à contours et à deux anses formées de têtes d'animaux. Elle est décorée d'ornements dorés et le couvercle est surmonté d'un groupe de fleurs décorées en couleurs.

296 — Petit buste de Vierge à décor polychrome.

297 — Deux plats ronds en grès de Flandres à figures gravées et émaillés bleu et gris.

298 — Deux chenets formés de lions couchés en faïence blanche reposant sur des enroulements en fer et surmontés de boules en cuivre poli. Ils sont reliés par une chaîne en cuivre.

299 — Deux grands levriers assis en faïence blanche.

300 — Deux figures de femmes debout en faïence blanche.

301 — Deux autres figures debout, à décor polychrome. Saints personnages.

302 — Figurine de sainte Madeleine en prière, décor polychrome.

303 — Tonnelet à goulot et à anses en faïence de Beauvais à décor jaspé et à tête de chérubin et blason de France en relief.

304 — Sanglier au galop, décor polychrome.

305 — Bout de table formé d'une figure d'enfant assis sur un dauphin et de deux coquilles à décor polychrome.

306 — Plat à barbe en faïence de Moustiers, à décor polychrome à armoiries et ornements.

307 — Figure d'Hercule debout, décor polychrome.

308 — Vase pot-pourri à couvercle à anses et guirlandes de fleurs en relief, et sur pied orné d'une chèvre en ronde-bosse.

309 — Cartel porte-montre orné d'une figure de femme nuè

et couchée, sur socle carré orné de médaillons, le tout en faïence blanche.

310 — Broc en faïence allemande à mascarons et ornements en relief et décor polychrome à fleurs.

311 — Vase en faïence allemande de forme ovoïde à côtes anses à coquilles et décor de fleurs.

312 — Petit broc en terre émaillée brun à fleurs en relief réservées en blanc et portant l'aigle de Prusse.

313 — Bénitier à décor en camaïeu bleu.

314 — Deux vases en forme de balustre en faïence du Maroc décorés en couleurs.

315 — Cinq plats de diverses formes, décorés par Lessore et représentant des sujets variés.

VERRERIE

316-322 — Environ trente-cinq pièces : flacons, verres, carafes en verre de Venise ou de Bohême. Ce lot sera divisé.

323 — Petite trompette en verre émaillé.

324 — Deux pièces en verre doublé de la Chine et taillées à fleurs en relief: flacon-tabatière et flacon à goulot droit.

325 — Flacon de poche en verre émaillé à fleurs et oiseaux, avec bouchon en argent.

PORCELAINES DE SÈVRES

326 — Petit groupe de deux figures en biscuit de Sèvres : le chevalier galant.

327 — Groupe de trois figures en biscuit de porcelaine : la partie de cartes.

328 — Tasse droite avec soucoupe en vieux Sèvres, pâte tendre, fond brun rehaussé de fleurettes d'or et médaillons de fleurs.

329 — Tasse de forme arrondie avec soucoupe en vieux Sèvres, pâte tendre décorée de fleurs et à filets bleus.

330 — Tasse droite avec soucoupe en vieux Sèvres, pâte tendre, fond jaune orangé et frise de fleurs.

331 — Tasse de même forme à fond jaune d'or, décorée de paysages et de bandes d'ornements.

332 — Petite tasse droite avec soucoupe fond bleu, empois avec frise d'ornements d'or et initiale A.

333 — Deux médaillons ronds en biscuit : Bonaparte premier consul et buste de femme.

PORCELAINES DE SAXE

ET AUTRES

334 — Beau groupe en ancienne porcelaine de Saxe, composé de quatre figures : l'heureux couple, sur socle rocaille en bronze.

335 — Deux jolies figurines de femme, représentant le Printemps et l'Été, en ancienne porcelaine de Frankenthal.

336 — Deux statuettes, dont une en porcelaine de Villeroy représentant un enfant accroupi, et l'autre en porcelaine d'Allemagne représentant l'amour pélerin.

337 — Deux statuettes, l'une d'elles en vieux Saxe représente l'odorat, l'autre, en porcelaine de Frankenthal, une jardinière.

338 — Petite théière en terre émaillée brun de Bœtscher, gravée à médaillons et couronnes et garnie en argent.

339 — Boîte en porcelaine de Saxe en forme de nid de canaris.

340 — Deux assiettes en ancienne porcelaine de Chine, décorées d'un navire hollandais et portant une inscription, ainsi que la date de 1756.

341 — Très-grand plat en porcelaine moderne du Japon, à décor polychrome, sur pied en bois sculpté.

342 — Groupe en ancienne porcelaine d'Allemagne. Trois chiens attaquant un âne.

343 — Deux petits groupes en porcelaine moderne de Saxe : jeune femme à sa toilette et le goûter.

344 — Groupe de quatre figures en porcelaine de Saxe : le concert enfantin.

345 — Trois figurines, dont une en ancienne porcelaine de Saxe.

346 — Grand vase en forme de balustre en céladon vert d'eau à réserves émaillées blanc. Il est garni d'une monture rocaille en bronze doré et contient une gerbe de fleurs porte-lumières.

347 — Deux grandes tasses forme droite avec soucoupes en ancienne porcelaine de Naples, à médaillons de personnages en grisaille et anses formées de figures de nymphes.

348 — Grande tasse avec soucoupe en porcelaine dure du temps de Louis XVI, décorée de fleurs.

349 — Corbeille ronde à deux anses et fleurs en relief en porcelaine de Saxe. Elle est décorée de fleurs à l'intérieur.

350 — Petite soupière oblongue avec plateau en ancienne porcelaine de Frankenthal, décorée de fleurs.

351 — Deux pièces : figurine en biscuit représentant l'Hiver et pot à crème à fond bleu.

PORCELAINES DE LA CHINE

ET DU JAPON

352 — Deux jolies tasses avec soucoupes en ancienne porcelaine mince de la Chine à décor finement émaillé : coqs, fleurs et ornements.

353 — Deux autres jolies tasses en porcelaine mince de la Chine ; l'une d'elles est décorée de figures et l'autre d'éventails.

354 — Deux cafetières à pans en ancienne porcelaine du Japon à décor en camaïeu bleu : paysages et ornements.

355 — Théière de forme cintrée et aplatie en céladon vert d'eau de la Chine à fleurs gaufrées.

356 — Petit groupe de deux figures en ancienne porcelaine de Chine décorés en émaux de la famille verte.

357 — Deux porte-allumettes à figures en relief et décor de
fleurs.

358 — Deux pièces : petite boîte à mouches en porcelaine
de Chine à décor émaillé sur fond carmin et petite buire
décorée de dragons.

359 — Pot-attrape en ancienne porcelaine du Japon à
décor en camaïeu bleu.

ÉMAUX CLOISONNÉS & BRONZES

360 — Beau brûle-parfums en ancien émail cloisonné de
la Chine à fleurs arabesques sur fond bleu turquoise.
Il repose sur trois têtes d'éléphants en bronze doré
rehaussé d'émail et les anses sont formées de trompes
surélevées. Le couvercle émaillé a une frise et des ornements repercés à jour, il est surmonté d'un groupe
de trois éléphants debout avec des caparaçons émaillés, supportant un petit vase émaillé. Socle en bois de
fer.

361 — Deux vases en bronze niellé du Japon, modèle à
pans et à anses formées de branchages et d'oiseaux. Ils
sont garnis chacun d'une lampe et reposent sur des
pieds cannelés en bois noir.

362 — Grande fontaine de forme ovoïde en bronze du Japon niellé d'argent avec anses, robinet et bouton du couvercle formés de chimères et de dragons.

363 — Petit brûle-parfums de forme oblongue à quatre pieds découpés en émail cloisonné de la Chine à fond bleu, décor d'ornements et à couvercle reperce à jour.

364 — Tasse avec soucoupe en bronze du Tonkin finement ciselé à fleurs et doré en partie.

365 — Curieux cartel du temps de Louis XIV en bois sculpté et doré et en cuivre, avec sphère mobile et figurine de Renommée en bronze.

366 — Grand brûle-parfums chinois ou brazero en bronze reposant sur trois pieds cintrés et à couvercle dômé en trois parties en cuivre gravé et reperce à jour. Socle en bois de fer.

367 — Curieux flambeau persan à deux branches sur large pied rond en cuivre gravé à ornements.

368 — Deux flambeaux vénitiens en cuivre gravé à ornements.

369 — Petite lampe en bronze formée d'une tête de satyre.

370 — Garde-cendres en cuivre repoussé à bustes et fleurs.

371 — Deux figures en bronze du temps de Louis XVI : Voltaire et Rousseau.

372 — Deux petits bustes en bronze : têtes de bacchantes sur socles en marbre griotte.

373 — Deux chenets formés chacun d'un lion en marbre blanc tenant un écusson et reposant sur un socle de style Louis XIV en bronze ciselé et doré.

374 — Bas-relief en bronze : Bonaparte au Mont-Saint-Bernard. Cadre en bois noir.

375 — Deux pièces : divinité bouddhique en bronze, à six bras, de travail chinois et figure de femme assise.

376 — Trois petites pièces en bronze : figurine d'amour, panthère de travail antique et lampe de style antique.

377 — Trois autres petites pièces en bronze : figurine de Falstaff, chien couché et boîte de cachets chinois.

MEUBLES

378 — Grand meuble vitré, avec socle et corniche en bois sculpté à médaillons de personnages, mascarons et ornements, rehaussé de dorure dans le style de la Renaissance. Il est garni à l'intérieur de quatre tablettes en glace. Haut., 3 m. 26 cent.

379 — Table, modèle Ducerceau en bois sculpté, rehaussé
de dorure. Les piliers, formés chacun de deux colonnes
cannelées et d'un motif d'ornement enrichi d'un
mascaron, sont reliés entre eux par une traverse et
trois arceaux à plein cintre, supportés par des balustres.
Le dessus de la table porte un écusson armorié et des
ornements sculptés.

380 — Fauteuil de même style que la table qui précède en
bois sculpté, rehaussé de dorure et couvert en velours
rouge avec frange à grille jaune et rouge. Le dossier
est terminé par deux vases en bronze ciselé et doré.

381 — Quatre chaises à dossiers élevés en bois dur sculpté
à ornements et couvertes de broderies persanes.

382 — Quatre tabourets en bois sculpté, également cou-
verts de broderies persanes.

383 — Deux chaises portugaises, garnies en cuir gaufré
à ornements et écusson surmonté d'une couronne
royale.

384 — Trois étagères en bois de chêne, à moulures dorées
et à cinq tablettes supportées chacune par deux fortes
consoles en cuivre poli, garnies d'anneaux mouvants.

385 — Table chinoise ou tabouret, en bois de fer sculpté,
à quatre pieds et à dessus de marbre rougeâtre.

386 — Console de suspension du temps de Louis XIV, en bois sculpté et doré à figure, cariatides et fleurs.

387 — Cabinet et sa table-support en bois noir et écaille, garni d'ornements et de figurines en bronze doré. Il est surmonté d'une galerie à balustres. Époque Louis XIII.

TAPISSERIES

388 — Tapisserie de Flandres, représentant un sujet de chasse avec riche bordure à médaillons de fleurs, figures de génies et ornements.

389 — Tableau en tapisserie rehaussée de parties tissées en fin. Sujet tiré du Nouveau Testament; les figures sont vêtues de riches costumes du xvie siècle. Cadre en bois de chêne.

390 — Douze portières formées de tapisseries renaissance à personnages et bordures à médaillons de personnages groupes de fruits et fleurs.

391 — Quatre grands rideaux de croisées, également en tapisserie renaissance à figures et à bordures d'ornements, médaillons de personnages, etc.

392 — Tenture de chambre en tapisserie de Flandres, à

sujets de personnages et bordures composées de groupes de fruits et de fleurs.

393 — Encadrement de tapisserie, composé de groupes de fruits. *(~ le 392.)*

740. 394 — Tapisserie représentant un paysage avec kiosque et volatiles.

650... — Un Paravent chinois

TABLEAUX MODERNES

DÉSIGNATION

BACKUYZEN (1857)

395 — Fleurs posées sur une console,

Bois. Haut., 31 cent.; larg. 41 cent.

BÉRANGER

396 — Soubrette frappant à une porte.

Bois. Haut., 53 cent.; larg., 39 cent.

BILLET

397 — Paysage turc; les bateliers.

Bois. Haut., 19 cent.; larg., 30 cent.

BOILLY (L. L.)

398 — Les petits Savoyards.

Ils sont deux ; l'aîné, coiffé d'un feutre à plume, joue de la vielle, tandis que le plus jeune exhibe sa marmotte à la curiosité publique. Les assistants forment cercle. Ce sont : deux jolies grisettes, brune et blonde, une jeune mère tenant un enfant qui se débat dans ses bras, plusieurs gamins de Paris, une petite fille et, d'autres personnages. Sur la droite, un commissionnaire portant des valises sur un crochet. Dans le fond, du même côté on aperçoit une bouquetière, et, à gauche, la boutique d'un marchand d'images où sont arrêtés des promeneurs et un militaire.

Ce charmant tableau, d'un coloris flatteur et de l'exécution la plus spirituelle de l'artiste, porte la signature L. Boilly et la date de 1807. Il est donc du meilleur temps de l'auteur, alors âgé de 46 ans.

Il a fait partie autrefois de la *Galerie de la duchesse de Berry.*

Bois. Haut., 24 cent.; larg., 32 cent.

BONVIN (F.)

399 — La Ménagère.

Bois. Haut., 21 cent.; larg., 14 cent.

BOURNE (T.)

400 — Hiver, marché et patineurs.

Toile. Haut., 27 cent.; larg., 46 cent.

CABAT (L.)

401 — Lisière de forêt.

Toile. Haut., 33 cent.; larg., 50 cent.

CALS

402 — Portrait de femme, en fichu rouge.

Bois. Haut., 17 cent.; larg., 13 cent.

CHAPLIN (CH.)

403 — Jeune fille agaçant un chien.

Toile. Haut., 17 cent.; larg., 12 cent.

CHAVET (V.)

404 — Le Duo.

Bois. Haut., 24 cent.; larg., 19 cent.

DAEL (genre de VAN)

405 — Raisins, pêches et prunes sur une table.

Peinture sur porcelaine.

Diam., 27 cent.

DIAZ (N.)

406 — Le troupeau de moutons

Crépuscule du soir.

Bois. Haut., 18 cent.; larg., 32 cent

GUDIN (TH.)

407 — Bateaux de pêche dans un port.

Toile. Haut., 38 cent.; larg., 57 cent.

HERVIER (A.)

408 — Artiste peintre dans son atelier.

Bois. Haut., 15 cent.; larg., 13 cent.

HOGUET

8 .   409 — Bateau de pêche échoué au pied d'une
falaise. — Esquisse.

JACQUE (CH.)

20 .   410 — Deux enfants dans un poulailler.

Bois Haut., 16 cent.; larg., 22 cent.

JACQUE (CH.)

10 .   411 — Une bergerie.

Toile. Haut., 31 cent.; larg., 39 cent.

JONGKIND

20.   412 — Entrée de port avec navires.

Toile. Haut., 52 cent.; larg., 77 cent.

JONGKIND

413 — Vue de Notre-Dame de Paris près du Petit-
Pont.

Effet de nuit.

Toile. Haut., 46 cent.; larg., 72 cent.

JONGKIND

414 — Port de mer.

Toile. Haut., 40 cent.; larg., 54 cent.

JONGKIND

415 — Rivière avec bateaux.

Toile. Haut., 40 cent.; larg., 30 cent.

JULIENNE (E., 1869)

416 — Panneau de décoration.

Fruits entourés de guirlandes de fleurs.

KLOMBECK

417 — Bûcherons à l'entrée d'une forêt, effet de
neige.

Bois. Haut., 25 cent.; larg., 32 cent.

LAMY? (E.)

418 — Promeneurs au près du pont de Saint-Cloud.

Dessin.

LEPINE

419 — Village au bord d'une rivière.

Toile. Haut., 38 cent.; larg 52 cent.

POURBUS (école des)

420 — Deux petites peintures sur cuivre.

Portraits d'hommes en costume du XVIe siècle.

RUBIO (PEREZ)

421 — Intérieur d'artiste.

Bois. Haut., 21 cent.; larg. 28 cent.

SPAENDONCK (VAN)

422 — Bouquets de fleurs dans des verres placés sur des consoles en marbre.

Deux pendants.

Bois. Haut.· 27 cent,; larg., 21 cent.

STEVENS (J.)

423 — Deux boules-dogues à l'affût dans une écurie.

Toile. Haut., 37 cent.; larg., 45 cent.

TESSON

424 — Enfants turcs jouant avec une tortue.

Toile. Haut., 31 cent.; larg., 44 cent.

VINCENT (Mlle), 1841

425 — Fleurs, deux dessins.

ÉCOLE FLAMANDE MODERNE

426 — Entrée de village.

Bois. Haut., 23 cent.; larg., 29 cent.

ÉCOLE FRANÇAISE

427 — Fleurs variées, et vase Louis XVI.

Gouache.

H   43 cent; larg.. 35 cent.

ÉCOLE MODERNE

428 — Pêches, pommes et raisins.

Toile. Forme ovale. Haut., 58 cent.; larg., 72 cent.

ÉCOLE MODERNE

429 — Femme portant un enfant.

Bois. Haut., 15 cent.; larg., 11 cent.

G. R. 1808

85.   430 — Napoléon et l'empereur Alexandre.

> Dessin portant les initiales G. R. D. 1808
> (*Gérard ?*)

93.   431 — Deux gouaches, bouquets de fleurs. Cadres
en chêne.

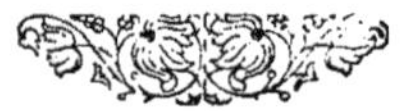